AF451505

LES NOUVEAUX STRATAGEMES D'AMOVR

HISTOIRE CURIEUSE

Par A. D. L. R.

A AMSTERDAM,

Chez Daniel du Fresne,
à la Porte des Vieilles Gens,
proche le Heere Logement.

M. DC. LXXXI.

LES STRATAGEMES D'AMOVR.

Nouvelle Curieuse.

B IEN qu'il n'y ait rien de plus Ingenieux & de plus inventif que l'Amour, il faut pourtant avoüer que tous les Amans ne font pas Spiri-

A 3

tuels, les rufes, l'adreffe,
& les delicateffes d'efprit
ne font pas communes,
& les traits dont la plû-
part font bleffez, ont des
effets bien differents. Il
femble que ce Dieu d'A-
mour difpenfe fes Gra-
ces & fes faveurs avec
tant de menagement,
que s'il donne la Beauté,
il accorde peu d'efprit,
& que tres-fouvent l'on
ne peut achêter l'un,
que par la perte de l'au-
tre : Il faut neanmoins
confeffer, en rendant Ju-
ftice à quelques-unes du
beau Sexe, qu'il s'en ren-
contre de fi parfaites de

corps & d'esprit qu'elles
seroient capables de trom-
per l'Amour même, si la
fidelité & la candeur ne
faisoient un de leurs prin-
cipaux Caracteres, com-
me on verra dans la nou-
velle suivante, ou la beauté & les qualitez Spiri-
tuelles d'une Amante pa-
roissent unies en perfe-
ction.

Ce fut une des plus ri-
ches & des plus belles
Villes de la France que
l'Amour choisit pour étre
le Theatre des Avantures
de Lelie, c'étoit une jen-
ne Demoiselle à qui la
Nature n'avoit point été

avare de ſes faveurs ; à la verité , il ſeroit difficile de dire ſi ſa beauté ſurpaſſoit ſon eſprit , ou ſi ſon eſprit pouvoit égaler ſa beauté. Les traits de ſon viſage étoient formez avec la proportion la plus reguliere du monde , ſon tein étoit d'un coloris & d'une Delicateſſe incomparable ; en un mot ; elle faiſoit la gloire & l'admiration de toute ſa Province ; ſon eſprit avoit de charmes deſquels il étoit mal-aiſé de ſe défendre , ſon humeur étoit la plus agreable , & la plus divertiſſante du Monde, ſon air le plus doux & le plus engageant. Enfin c'étoit un de ces Chef-d'œuvres accomplis, qui paroiſſent dans les Cours des Princes. Il étoit tellement impoſſible de ſe défendre de ſes pieges, particulierement quand elle les tendoit avec deſſein, qu'elle eût en peu de tems un nombre prêque infini d'Adorateurs, mais c'eſt choſe merveilleuſe qu'une perſonne qui cauſoit tant d'Amour en conçût ſi peu pour les autres ; tous ſes Amants luy étoient dans le même degré d'indiference, les Braves qu'elle menoit en triomphe, tenoient plus à elle par leur paſſion que par ſes ſoins, ils ſuivoient ſans être attachez & ils étoient des captifs qu'elle laiſſoit ſur leur bonne foy, & qui ſe gardoient eux-mêmes ; Ce n'eſt pas qu'elle ne fût inſenſible, mais ſon heure n'étoit pas encore arrivée, & l'Amour avoit peine à trouver un homme capable d'engager un ſi noble Cœur.

Enfin il s'en rencontra un qui donna dans la vûë de nôtre Heroïne. Ce fut un jeune Gentilhomme nommé Amador, aussi remarquable par sa Naissance que par ses autres qualitez, il étoit beau, bien-fait, sçavant dans tous les exercices des personnes de son rang, & de plus instruit de tant de curiosités & de secrets, que quand la Nature même se feroit fait voir à luy toute nuë & à découvert, elle ne luy auroit pas plus communiqué de lumieres qu'il s'étoit acquis de connoissance. Le hazard ou plutôt l'Amour qui luy servoit de guide le conduisit chez un de ses Amis, appellé Leonte, il y trouva Lelie qui rendoit visite à la Sœur de ce Gentil-homme, celle qui jusques à present avoit été invulnerable, ne pût supporter les doux regards de ce jeune Cavalier, elle fût blessée, & ce cœur déja attaqué acheva de se rendre, lors qu'Amador se mêla dans la conversation ; Il y fit paroître une eloquence si aisée & si profonde, il y expliqua ses pensées avec tant de facilité & en si beaux termes qu'on peut dire que son esprit termina sa conquête. Nos deux Amants reconnurent qu'ils étoient également blessez, il ne

soûpirerent plus que pour
se ménager une occasion
où ils pûssent se declarer
ouvertement ce qui se
passoit secrettement dans
leur cœur ; Lelie prit congé de la compagnie , &
donna en sortant de si
tendres œillades à Ama-
dor qu'elles auroient touché le Cœur le plus dur ,
& le plus insensible , elle
fut bien-tôt suivie de son
Amant , qui se retira en
sa Maison pour penser se-
rieusement aux moyens de
se conserver une si belle
conquête , il écrivit dés le
soir la Lettre suivante à
sa Maîtresse , & l'envoya le

lendemain par un de ses
Laquais,

AMADOR
A LA
CHARMANTE
Lelie.

LE premier moment de nôtre entrevûë, ayant été celuy de mon engagement, je ne doute point Aimable Lelie, que mes yeux & mes soûpirs ne vous ayent donné une parfaite connoissance de ce qui

se passoit dans mon cœur ;
si je suis aussi malheureux
que ceux qui m'ont prece-
dé, il faut que le silence,
& la solitude finissent
mes jours, & que la mort
détruise en moy un ouvra-
ge, que la Nature n'a pas
fait assez accompli pour
vous plaire ; Ma langue
n'eût pas hier la hardiesse
de servir d'interprete à
mon Cœur je vous en dé-
couvre aujourd'huy les
sentimens, & vous con-
jure par tout ce qu'il y a

d'aimable, & d'engageant dans vôtre Perſonne, de m'apprendre m'a deſtinée : Vous pourrez ſans doute (belle Lelie) trouver des Serviteurs qui me ſurpaſ-ſeront en merite, mais je ſuis certain que vous n'en poſſederez jamais dont l'af-fection & la tendreſſe ſoient plus fortes & dont la fidelité ſoit plus grande que celle d'Amador,

Lelie fut au comble de sa joye quand elle eut reçû cette Lettre, & qu'elle en eut fait la lecture, elle ne pût si bien cacher les mouvemens de son cœur qu'ils ne parussent au dehors, & ne donnassent à connoître à sa Mere Victorie, que l'Amour étoit de la partie : On lisoit dans ses yeux ce qui se passoit dans son Ame, ses paroles étoient confuses, & l'ordre & l'arangement qui faisoient d'ordinaire la beauté & l'agréement de ses discours, furent entierement troublez par la violence de cette paſſion, en effet c'étoit une felicité peu commune, d'étre prevenuë dans ſes Amours, par une declaration auſſi douce que celle qu'elle venoit de recevoir. Elle jugea donc qu'elle devoit attendre, que ſon eſprit fût dans une aſſiette plus paiſible pour faire réponce à Amador, elle ſe contenta de dire à ſon Laquais qu'elle recevoit les nouvelles de ſon Maître avec bien de la ſatisfaction, & que s'il ſe trouvoit le lendemain chez Leonte où il s'étoient déja vûs, qu'el-

le ne manqueroit pas de
fi rencontrer. Lelie avoit
une fuivante pour qui
elle avoit conçû une fi
tendre amitié, qu'il luy
fut impoffible de luy faire
un fecret de fon Amour,
elle luy declara tout, &
avec fuccez, car cette
Fille glorieufe de la con-
fidence de fa Maîtreffe,
la fervit depuis avec au-
tant de zele que de fide-
lité. L'affection de Lelie
pour cette Fille provenoit
d'un parfait rapport de vifage & fimpathie d'hu-
meur, de Marceline (c'é-
toit fon nom) avec elle,
& la reffemblance étoit fi

parfaite, que la seule dif-
ference des vêtemens fai-
soit le discernement de
l'une ou de l'autre ; Ce-
pendant le Laquais d'A-
mador ne causa pas peu
de joye à son Maître,
quand il luy declara ce
qu'il avoit ordre de luy
dire de la part de Lelie,
ses transports furent sur-
prenant & les saillies de
cét Amant ne cederent
rien aux marques que sa
Maîtresse avoit données
de son contentement ; Ces
deux jeunes Cœurs étant
déja unis ne pouvoient
ressentir des mouvemens
differents , & leurs soû-

pirs se rapportoient au son de la voix & de l'écho. Nos deux Amants passerent la nuit dans des impatiences incroyables, les heures & les instans leur sembloient des siecles , & la joye qu'ils se promettoient de leur entrevûë, les fit sans cesse soûpirer apres cét heureux moment : étant conduit le Matin par un même esprit ils arriverent presque en même tems chez Leonte , mais leur surprise fut bien grande de le voir dans l'état où ils le rencontrerent. Leonte étoit un jeune Homme dont

l'humeur Martiale ne re-
spiroit que les combats,
il épousoit toute sorte de
querelle, & se faisant une
gloire de maintenir les
plus foibles, il n'en sor-
toit pas toûjours avec son
avantage ; il venoit d'ar-
river en sa Maison tout
couvert de sang, par une
blessure d'un coup d'êpée,
mais par bon-heur elle
n'étoit pas dangereuse, &
huit ou dix jours de re-
pos, pouvoient luy rendre
une parfaite santé. Les
Chirurgiens qui le pen-
soient dirent qu'il ne falloit pas le faire trop parler, & que sa foiblesse ne

luy permettoit pas ; C'est pourquoy nos deux A-mants se retirerent dans une autre Chambre, apres avoir marqué à Leonte, la part qu'ils prenoient à son mal ; Floriante Sœur du malade demeura au-prés de son Frere , & Le-lie & Amador se trouve-rent seuls. Ils ne perdi-rent point de tems dans des discours superflus , ces momens leurs étoient trop precieux , ils en firent donc un bon usage , & Lelie dit à Amador , ah ! Dieu que je suis sensi-blement touchée de l'ac-cident de Leonte , & que
le

le malheur de ce pauvre Gontilhomme me pené-tre le cœur : Madame, luy repartit Amador, je ne puis m'oppofer à la compaffion que vous faites paroître pour mon Ami, mais fi vous concevez de la douleur de fes playes, qui Dieu-merci ne font pas dangereufes, ayez au moins de la fenfibilité pour une bleffure que vous avez faite à mon cœur, qui peut-étre fera mortelle ; Il continua d'ex-primer fon Amour par les témoignages les plus preffants qu'une veritable affection ait jamais pû produire ; toutes ses paroles portèrent coup , & eurent une puissance merveilleuse pour faire croître un Amant naissant : Lelie de son côté qui ne gardoit pas silence , répondit à son Amant avec des termes les plus obligeants du monde , elle reçût sa declaration avec toutes les marques de bien - veillance qu'elle pouvoit donner à la personne qui luy étoit la plus chere, elle luy jura qu'elle n'auroit jamais d'autre Epoux que luy, & en luy serrant amoureusement la main , elle luy demanda les mêmes proteſtations ; elle les reçût bien - tôt , mais avec des paroles ſi tendres & ſi conformes à ſa paſſion , qu'elle ne peut luy refuſer un bai-ſer. Ce baiſer amoureux fût donné & reçû avec tant de tranſports , ac-compagné de tant de ſoû-pirs , qu'il fût bien - tôt ſuivi de toutes les faveurs & les careſſes, qui ne ſont pas incompatibles avec la Vertu : Ces agreables paſ-ſe-tems furent interrom-pus par la preſence de Floriane , nos Amans ſe ſeparerent & Amador s'é-tant retiré revint le Soir

pour apprendre l'état de
la santé de Leonte, il étoit
trop son Ami pour luy
cacher son cœur, il luy
declara donc son nouvel
engagement, mais helas !
il apprit de ce pauvre
blessé qu'il avoit Pamphile pour Rival, il sçût
qu'il alloit souvent chez
Victorie, & que les en-
tretiens qu'il avoit eus
avec Lelie, avoient été
fort frequens : Pamphile
étoit capable de donner
de la jalousie à un autre ;
c'étoit un Gentil-homme
de qui la naissance étoit
illustre, les richesses im-
menses, & le merite par-

ticulier au dessus du me-
diocre, neanmoins Ama-
dor avoit reçû tant de
faveurs de Lelie qu'il se
rassura du trouble qu'il luy
avoit donné, c'est à dire,
il ne pouvoit se persua-
der qu'elle fût capable
d'infidelité. Mais il avoit
trop d'interêt dans cette
nouvelle, pour n'en pas
rechercher les éclaircisse-
mens, il trouva pretexte
d'aller chez Victorie, il y
rencontra heureusement
celle qui causoit sa peine,
la presence de la Mere
obligea la Fille à faire paroître une modestie qui
pouvoit passer pour indif-

ference , cela fâchoit bien
nôtre Gentilhomme, mais
son bon-heur qui étoit in-
separable de sa personne
luy fit naître l'occasion
d'être seul avec Lelie. Victorie fût obligée de conduire une Dame de qua-
lité qui luy avoit rendu
visite , & par un surcrois
de felicité , cette Dame
étant fort longue à faire
ses Adieux , nôtre Amant
eut le tems de se tirer de
doute , il apprit le peu de
sujet qu'il avoit de craindre , & sçût de Lelie que
si son Rival la visitoit
comme Amant, il n'étoit
pas reçû d'elle sur ce pied

là , elle n'avoit pour luy
que les deferences qui
étoient dûës à la grandeur
de sa naissance , & sans
le respect de sa Mere qui
souhaitoit qu'elle eut pour
luy de l'inclination , elle
luy auroit donné son con-
gé. Amador sortit tres-sa-
tisfait de sa visite , il y reçût de nouvelles assuran-
ces de son bon-heur , &
Lelie luy promit de luy
faire , sçavoir au plutôt
par écrit les veritables
sentimens de son cœur :
Pamphile cependant fût
bien-tôt instruit du merite de son Rival , il ne douta point qu'un jeune hom-

me dont l'efprit & le corps
étoient compofez de par-
ties fi admirables , ne fit
ombrage à fes pretentions,
il redoubla dans cette pen-
sée fes vifites , & fe per-
fuada que les foins & les
affiduitez pourroient luy
ménager un cœur , qu'il
ne pouvoit poffeder ny
gagner d'une autre ma-
niere.

Entre toutes les Vifites
qu'il rendit , il n'y en eût
point de plus fatale à fon
Rival & de plus funefte
à fa Maîtreffe que celle-
cy : un jour qu'il alloit à
fon ordinaire chez Victorie
il monta jufques dans la

Chambre de Lelie sans rencontrer personne , & ayant trouvé son Cabinet ouvert , & sur la table un Billet plié : Le soupçon qu'il eût qui ne fût pour Amador , luy fit ouvrir , & lire le contenu en ces termes.

LELIE
A
AMADOR.

JE ferois confcience de
garder un plus long fi-
lence à vôtre égard ce feroit abufer avec trop d'excez de la patience d'un A-
mant, que d'agir de la forte : En un mot je puis vous
dire avec fincerité que je

vous aime, je dissimulerois
de parler autrement, & si
vous avez remarqué jus-
ques à present dans ma conduite, quelque chose de contraire à ces paroles, croyez
que je suivois plutôt en cela
les Loix d'une Prudence ri-
goureuse, que les mouve-
mens de mon inclination.
Vous ne devez pas vous
imaginer aucun changement
de mon côté, puisque je suis
à l'épreuve des plus rudes,
& plus pressantes attaques.

A D I E U.

Pamphile apres la lecture de ce Billet conçût mille deffeins de malice, & le dépit de voir les progrez d'Amador luy en fit executer un , il ajoûta ces deux Lettres fuivantes (NE) qui changerent entierement le fens des paroles, & le malheur de fon Rival voulut qu'il trouvât affez de lieu pour les placer fans gehenne , & fans contrainte. Il plia le Billet, fortit du Cabinet , & fut affez heureux pour fe pouvoir retirer fans étre vû de perfonne. Lelie qui étoit defcenduë dans les Offices pour allumer une bougie, remonta auſſi-tôt, & trouvant ſa Lettre déja pliée, elle la cacheta, & l'envoya le Soir à ſon A- mant; Si-tôt qu'Amador l'eut reçûë, il la baiſa mil- le fois, devant que de l'ouvrir, & fit un preſent conſiderable à Marceline qui l'avoit apportée, ja- mais joye ne fût en même tems ſi grande & de ſi peu de durée, il ſe ren- ferma ſeul dans ſon Cabi- net, afin que le plaiſir qu'il eſperoit recevoir par la le- &ture de ſon Billet ne fût point troublé par quelque viſite imprevûë; Mais he- las! ce pauvre Amant, fût bien surpris, il trouva tout à son desavantage & ne pouvant se persuader la verité de ce qu'il voyoit, il lût & rélût plusieurs fois le Billet en ces termes.

LELIE

A

AMADOR.

JE ferois confcience de garder un plus long filence à
vôtre égard, ce feroit abufer avec trop d'excez de la
patience d'un Amant que
d'agir de la forte ; en un
mot, *JE NE* puis vous dire, avec fincerité que je vous

40   *Les Stratagémes*
aime, je dissimulerois de
parler autrement, & si
vous avez remarqué jus-
ques à present dans ma conduite quelque chose de contraire à ces paroles : Croyez
que je suivois plutôt en cela
les Loix d'une Prudence ri-
goureuse, que les mouve-
mens de mon inclination.
Vous ne devez pas vous
imaginer aucun changemens
de mon côté, puisque je suis
à l'épreuve des plus rudes,
& plus pressantes attaques.

ADIEU.

Amador n'eut pas plutôt fait toutes ses reflexions sur la nature de cette Lettre, qu'il sortit tout transporté de son Cabinet, & entrant dans une Chambre, il se jetta sur un petit lit de Camp en s'écriant, ah ! cruelle & inconstante par qu'elle action ay-je attiré ton courroux ? Qu'as-tu trouvé en Amador indigne de tes affections & digne d'un traitement si injurieux ? tu dis que tu ne peux m'aimer avec sincerité ? Ah ! cœur volage que mon malheur plutôt que ma mauvaise conduite, a fait

paſſer d'une extremité à
l'autre avec tant de vîteſ-
ſe & de promptitude; qui
t'a pû donner des ſenti-
mens ſi oppoſez à ces premieres tendreſſes ? que
font devenus ces ſoûpirs,
ces careſſes, ces faveurs,
& ces engagemens ? Ah!
ils ne partoient que d'une
ame diſſimulée. Ces plaintes furent interrompuës
par Leonte, qui entra dans
la Chambre de nôtre pau-
vre Affligé, pour luy rendre viſite, auſſi tôt qu'A-
mador l'eut apperçû en
l'embraſſant, les larmes
aux yeux, il luy dit : Ah!
cher Leonte, que la con-

dition des hommes est changeante ? qu'elle est sujette aux revolutions, & que celuy qui passoit il y a peu de tems dans vôtre esprit pour être le plus heureux des Hommes, est à present exposé à de sensibles malheurs ? mais ce qui me perce & penetre davantage le cœur, c'est l'infidelité de la personne que je cherissois le plus, qui fait mon infortune : Aussi-tôt il luy montra sa Lettre, mais celuy - cy n'ayant jamais ressenti les douceurs de l'Amour, étoit fort incapable de concevoir de semblables

déplaisirs, il consola fort
mal son Ami affligé, il luy
dit seulement , je ne suis
pas surpris de vôtre accident , vous ne pouviez
attendre que peu de suc-
cez de vôtre Amour, vous
combattiez un cœur déja
prevenu d'une forte pas-
sion pour Pamphile , &
il est tres-difficile quelque merite que nous a-
yons, d'effacer dans une
Ame les premieres im-
pressions que l'Amour y a
gravées , tout ce que je
puis vous dire , c'est que
je m'offre à vous vanger
de vôtre Rival , aussi-tost
que j'auray servi un de

mes Amis dans une querelle qui luy est survenuë, nous devons demain nous trouver dans un Jardin secret proche vostre Maison, & j'espere sortir avec honneur de mon entreprise. L'esprit d'Amador étoit trop en desordre pour refléchir sur les paroles de son Ami, il l'eût sans doute dissuadé d'une action si imprudente, & si temeraire à un homme, qui n'étoit point encore en santé, & dont les blesseures étoient encore sanglantes ; mais il étoit trop preoccupé de son malheur, pour avoir le jugement li-

bre , & l'attention particuliere avec laquelle il
consideroit le Cachet du
Billet de Lelie, l'empêcha
presque de l'entendre : Il
trouvoit dans ce Cachet
un nouveau sujet de dou-
leur , & se plaignoit for-
tement de l'excez de son
infortune , la graveure du
Sçeau representoit un Cu-
pidon , qui avec un mar-
teau à la main sembloit
vouloir forger deux Cœurs
sur une enclume , & tel-
lement les unir que des
deux il n'en fit qu'un ,
cét Embleme étoit animé
de ces deux mots (*Faux
Monnoyeurs*) la melancolie

d'Amador luy fit interpre-
ter le sens de ces paroles à
son desavantage, il crût
que les deux termes qui
faisoient l'ame de la devi-
se luy étoient entierement
contraires, & que l'assem-
blage du mauvais métail
avec le bon, ne marquoit
autre chose, que la fausse
union de leurs Cœurs ;
apres toutes ces reflexions,
il s'abandonna entiere-
ment à la douleur, il gar-
da un profond silence,
& obligea par ce moyen
Leonte de prendre congé
de luy, bien fâché de
n'avoir pû apporter aucun
soulagement à sa tristesse.

Ce fût dans ces momens de solitude que sa paſſion agit ſur luy avec plus de violence ; les termes dont ſon Ami s'étoit ſervi pour le conſoler, ne firent que l'irriter davantage, & jamais Amant n'a été ſi ſenſiblement touché que celuy-là, ſon Amour l'emporte ſur ſa generoſité, les larmes luy coulent des yeux, & bien qu'il reconnoiſſe que c'eſt une foibleſſe à un homme de ſe laiſſer abattre par ſa mauvaiſe fortune, il n'importe, il n'eſt plus maître de ſoy-même, & ſe fait un plaiſir dans ſon affliction,

de

de lâcher la bride à tous
ſes mouvemens deréglez.
Ah ! s'écrioit-t'il , dans la
violence de ſes tranſports,
faut-t'il que mon cœur ait
été ſi ſenſible pour une
perſonne qui m'outrage ?
ſera-t'il dit qu'un Rival
comme Pamphile l'empor-
tera ſur moy ? Ah ! eſprit
volage, vôtre peu de diſ-
cernement ſe fait voir dans
le choix que vous en fai-
te ? mais goûtez en repos
les plaiſirs injuſtes qu'il
vous offre, puis que je ne
puis ſurvivre à une pre-
ference ſi indigne de mes
affeċtions , ne craignez
donc point, vous ſerez en-

tierement satisfaite par
mon trépas, s'il ne vous
touche du reproche éter-
nel de vôtre inconstan-
ce.

Toutes ces saillies é-
toient trop violentes pour
ne pas causer une nota-
ble alteration à la santé
d'Amador, aussi furent-
t'elles suivies d'une fiévre
maligne, qui le tourmen-
ta étrangement, il passa
la nuit dans des réveries
& des inquietudes extra-
ordinaires, & le Medecin
l'ayant vû le Matin jugea
par ces simptomes que sa
vie étoit en danger. Ses
Domestiques dirent qu'il

falloit apporter beaucoup des precautions pour luy declarer l'extremité où il étoit, mais ils s'abu- foient, il en reçût la nouvelle fans s'émouvoir. Et le mépris de la vie qu'il fit paroître dans un âge ou elle a tant de char- mes pour nous, fut l'ad- miration de tout le Mon- de, mais ce qui furprit encore davantage, ce fut lors que pouffant un foû- pir, il demanda avec une voix languiffante, une plu- me & du papier, & écrivit la Lettre fuivante à Lelie, en luy renvoyant fon Bil- let.

LE MOURANT

AMADOR

A

L'INCONSTANTE

LELIE.

S'Il me reſte encore aſſez de jugement dans l'état déplorable ou vôtre cruau- té me reduit, je ne veux

plus m'en servir que pour
me plaindre de vôtre inju-
stice, & faire connoître par
mes dernieres paroles, le
déplaisir que j'ay de vous
avoir vûë. Je vous renvoye
le funeste Billet qui portoit
ma Sentence, & je mourray
avec satisfaction, si je puis
arracher de mon cœur, la
tendresse, & l'Amour qu'il
à conçû pour vous ; mais
helas ! je ne le puis mal-gré
toutes vos rigueurs, & vous
apprendrez peut-estre dans
peu qu'Amador sera expiré

ADIEU.

Sa foiblesse ne luy per-
mit pas d'en écrire da-
vantage, il renferma le
Billet dans sa Lettre, &
l'envoya promptement à
celle à qui elle s'adressoit,
mais malheureusement le
Porteur ne la trouva pas
à la Maison, elle étoit al-
lée avec sa Mere, passer
deux jours à la Campa-
gne, & il fût obligé de
la laisser entre les mains
de Marceline, qu'il in-

ſtruiſit de la maladie &
du peril ou étoit la vie de
ſon Maître : Cette abſence
de Lelie eut les ſuites les
plus funeſtes du Monde,
le Billet qui pouvoit ſeul
remedier aux maux d'A-
mador, ne fut point reçû
qu'à ſon retour, & ce re-
tardement quoy qu'inno-
cent cauſa des deſordres
étranges.

Le Laquais qui avoit
porté la Lettre, rendit
conte à ſon Maître de ſon
meſſage, la nouvelle qu'il
apprit de l'éloignement de
ſa Maîtreſſe luy cauſa des
redoublemens de mal qui
l'abattirent entierement,

c'étoit affez qu'il pecha dans le principe pour faire des fautes confiderables dans la fuite, il explique tout à fon defavantage, & cette abfence qui n'avoit pour but que le divertiffement de Lelie, paffa dans fon efprit pour un Voyage fait à deffein, pour fe mettre à couvert des juftes reproches qu'elle s'étoit attirez par fa conduite. En vain on fe fert d'artifices pour le defabufer, il refufe même tous les remedes qu'on luy prefente pour fa fanté, voulant qu'on le laiffe mourir, témoignant ne defirer rien tant que la fin d'une vie qui luy devenoit odieufe.

Cependant Lelie arrive de la Campagne, elle reçoit la Lettre & le Billet des mains de Marceline, & apprend avec un fenfible déplaifir le fâcheux état de celuy qu'elle aimoit fi tendrement, elle reconnût à la premiere Lecture qu'elle fit, l'addition des deux Lettres & jugea auffi-tôt que c'étoit un tour de l'efprit jaloux de Pamphile. L'extremité à laquelle cette tromperie avoit reduit fon Amant, la mit au defefpoir, elle en paroît

inconsolable & n'a point
de patience jusques à ce
qu'elle vit son cher Ama-
dor, elle partit donc avec
empressement pour l'aller
voir, & luy donner la vie,
s'il étoit encore en état de
la recevoir : Mais, helas !
elle ne fût pas plûtôt arrivée devant la porte de son
logis, qu'elle ne vit que de
tristes objets de douleur,
tout le frontispice de la
maison étoit tendû de noir,
un Cercüeil étoit exposé
au public, & tous les Serviteurs & domestiques d'A-
mador revêtus de duëil :
La surprise de cette pau-
vre Amante fût si grande,

qu'elle en perdit l'usage de
la parole, elle ne pût re-
ster un moment devant un
spectacle si triste pour elle,
& le plus prompt remede
qu'elle pût apporter pour
ne pas donner à connoître
par quelque accident l'excez de sa passion, ce fut
de se faire conduire promptement à la maison de
Victorie. Elle n'y fut pas
plûtôt arrivée qu'elle tom-
ba en pamoison, elle perdit
l'usage de tous ses sens, &
fût prés d'un quart-d'heure
sans donner aucunes mar-
ques de vie. Tous les soins
de Marceline & de Victo-
rie furent inutils ; & la

seule voix d'une Servante
qui prononça avec dessein
le nom de son Amant, fût
capable de la faire reve-
nir : elle n'eût pas plûtôt
recouvré l'usage de la parole , que regardant d'un
œil mourant , ceux qui
étoient presens pour l'af-
sister, elle dit d'un ton lan-
guissant , *ou est Amador ?*
La Connoissance luy re-
vint parfaictement un peu
aprés , mais ce ne fût que
pour s'abandonner d'avan-
tage aux plaintes , & à la
douleur ; elle repandit un
ruisseau de larmes , arra-
cha ses cheveux , & don-
na toutes les marques de

la plus violente affliction
qu'on puisse jamais ressentir : elle se fit porter sur
un lict afin de se donner
entierement à la douleur ;
elle ne voulut voir personne le reste de la journée,
& retint seulement auprés
d'elle sa chere Marceline,
qui sçachant le secret de
son cœur, pouvoit seule, luy
donner de veritables con-
solations : Elle passa la nuit
sans repos , & dans des
troubles d'esprit, qui mar-
quoient qu'elle étoit la
violence de sa passion, elle
s'écrioit quelques - fois
avec des transports dignes
de pitié : Ah ! miserable

Lelie, pourquoy as-tu donné la mort à celuy que tu cheriffois davantage , tu as repandu le fang de celuy qui devoit faire tous tes plaifirs , Ah ! Marceline, il faut mourir , puifqu'il n'y a que le trépas qui puiffe finir mon tourment. Toutes les heures de la nuit fe pafferent dans de femblables demonftrations de douleur , elle prit feulement quelques moments de repos le matin , mais il ne dura guere, & fût interrompû par un Laquais , qui montant avec frayeur dans la Chambre de la malade, dit en tremblant, qu'il venoit de voir l'esprit d'Amador, dans les degrez. Marceline qui ne se laissoit pas facilement aller à de semblables imaginations, eut la curiosité d'aller voir, mais elle fût bien surprise qu'elle n'eût pas plûtôt ouvert la porte que le Laquais avoit fermée, que le Phantôme pretendu entra (c'étoit Amador,) le Laquais ne l'eût pas plûtôt apperçeu qu'il prit la fuite, & laissa Lelie & Marceline seules, plus mortes que celuy qu'elles croyoient dans le tombeau, elles furent quelque tems immobiles à la

veüe de son visage pâle,
& d'un long habit de düeil
dont il étoit revêtu ; aprés
quoy Lelie se rasseurant &
se representant dans ce
qu'elle voyoit, l'image de
celuy qu'elle avoit tant
aimé, elle dit d'une voix
tremblante , à cét esprit
(qui jusques là surpris de
leur cry & êtonnement
avoir gardé le silence.)
Ah ! Dieu, faut-il que celuy qui pendant sa vie faisoit le plaisir de mes yeux,
soit aprés sa mort, la peur
& la gêne de mon esprit.
Elle n'en dit pas davan-
tage , & son Amant con-
nût par ces paroles , qu'ils

étoient tous deux dans l'er-
reur : Ne craignez point
(Madame) luy dit - il ,
si vous souhaitez la vie à
Amador, il n'est pas mort ,
mais si vos rigueurs con-
tinüent de l'outrager, il va
expirer à vos pieds, il luy
exposa ensuite la mort de
Leonte, causée par les blesseures qu'il avoit reçûës
dans son second demêlé ,
elle luy apprit comme il
s'étoit fait porter dans son
Logis, parce qu'il étoit le
plus proche pour faire
mettre le premier appareil
à ses playes , & enfin pour
la tirer de tous ses doutes ,
il luy dit que pour recon-

noître l'amitié, & les bien-
faits du Defunct, qui par
son Testament l'avoit mis
au nombre de ses Heri-
tiers, il en avoit voulu
porter le duëil avec tous
ses Domestiques, & ho-
norer par ce moyen la me-
moire d'un si bon Ami.
Lelie de son côté l'instrui-
sit de la fourbe de Pam-
phile, luy fit remarquer
dition des deux Lettres,
& la joye qu'eurent nos
deux Amans par cét éclair-
cissement, leur fit bien-
tôt oublier les peines qu'ils
avoient ressenties. Ils se
separerent donc l'un &
l'autre en versant un tor-

rent de larmes, bien dif-
ferentes de celles que la
douleur avoit répanduës
peu de tems auparavant.
Cependant Victorie ap-
prenant la convalescence
de sa Fille, voulût sçavoir
d'Elle, la cause de sa maladie ; Elle n'approuva
point ses familiaritez pas-
sées ny ses engagemens
secrets, & le desir qu'elle
avoit de faire alliance de
sa Maison avec celle de
Pamphile, la fit entiere-
ment declarer contre A-
mador : Pamphile de son
côté apprenant les pro-
grez de son Rival, & n'a-
yant jamais rien pû obte-

nir de favorable de Lefie
ne faifoit plus fes follici-
tations qu'auprés de la
Mere , il fçavoit le pou-
voir que cette qualité luy
donnoit fur fa Fille , & fe
flattoit que la Vertu dont
elle étoit doüée l'empê-
cheroit de refufer fon con-
fentement à l'inclination
de Victorie. En effet , fi
cette Demoifelle n'eût été
bien conftante , c'étoit le
vray moyen de la gagner ,
mais depuis la tromperie
de la Lettre qui avoit causée tant de defordre , elle
ne pouvoit plus le re-
garder qu'avec indigna-
tion. Cependant Victorie

éblouïe par les grandes ri-
cheſſes de Pamphile, té-
moigna ouvertement à Le-
lie le deſſein qu'elle avoit
qu'elle acceptât ce Gentil-
homme pour Epoux ; Elle
défendit l'entrée de ſa
Maiſon à Amador, &
obligea ſa Fille de luy é-
crire dans des termes ca-
pables de le rebuter : L'e-
ſprit de nôtre pauvre A-
mante étoit dans un grand
embarras, ſon Amant n'é-
toit point inſtruit de ce
qui ſe paſſoit, & elle étoit
ſi obſervée qu'elle ne pouvoit plus rien faire ſans
témoins ; Marceline ſon
unique refuge n'étoit pas

pour lors au Logis, &
le commandement d'écrire
promptement cette Lettre,
ne luy donnoit pas peu
d'inquietude. Dans cette
grande perplexité l'Amour
qui n'abandonne jamais
ceux qui le reconnoisse
pour leur Souverain, luy
inspira d'écrire d'un style
qui apparamment conten-
teroit sa Mere, & ne
pourroit pas desobliger A-
mador : Elle étoit telle-
ment persuadée de la beauté de l'esprit de son Amant,
qu'elle ne doutoit point
qu'il ne conçût bien-tôt le
sens de son Billet, & il
l'avoit autrefois entretenuë

de tant de secrets pour l'écriture, qu'elle se promit une bonne issuë de celuy-là, elle témoigna donc à Victorie, qu'elle avoit trop de déférence pour ses ordres, pour ne pas obeïr à son commandement, qu'elle étoit preste d'écrire, mais dans des termes si chocants, que celuy pour qui elle avoit autrefois eu de l'inclination remarqueroit bien-tôt son changement ; Sa Mere la loüa de son obeïssance, & elle écrivit la Lettre suivante.

LELIE

A

AMADOR.

Apprenez par cette Lettre que je n'ay plus d'affection pour Vous, bien que devant je n'eusse d'esperance qu'en Amador, ma Mere Victorie ou plutôt mon inclination & ma volonté m'oblige à choisir

Pamphile

Pamphile pour Epoux. Il
a mon cœur, & vous étes
abusé si vous pensez à éviter un tel coup : Je vous
suis contraire, & je cheris
vôtre Rival que je suivray
dans les lieux les plus éloi-
gnez, s'il le faut, pour luy
marquer mon Amour.

ADIEU.

D

Victorie ne luy permit pas d'en écrire davantage, elle dit que les paroles étoient suffisantes pour rebuter le plus constant de tous les Amans, elle plia la Lettre, & l'envoya par un Laquais. Cette Lettre qui renfermoit tant de choses en peu de paroles, fût donnée à Amador, à la premiere lecture qu'il en fit il fût un peu surpris ; mais les dernieres preuves d'amitié qu'il avoit reçûës de Lelie, étoient trop recentes, pour être si-tôt suivies d'un si prompt changement ; il crût qu'il y avoit

quelque chofe de myfte-
rieux dans un ftyle fi pre-
cipité , & la tromperie
qui l'avoit feduit dans le
premier Billet, l'empêcha
de juger mal de fon A-
mante dans le fecond :
Enfin apres plufieurs re-
cherches , la vivacité de
fon efprit luy fit décou-
vrir le fecret , il connut
que pour trouver le veri-
table fens il ne falloit pas
en faire une lecture con-
tinuë , mais qu'il étoit ne-
ceffaire de deux lignes en
laiffer une , il la relût de
cette maniere, & la trouva
à fon avantage.

D 2

LELIE
A
AMADOR.

Apprenez par cette Let-
tre que je n'ay plus d'esperance qu'en Amador, Vi-
ctorie ma Mere m'oblige à
choisir Pamphile pour E-

poux, pensez à éviter un
tel coup, Je vous suivray
dans les lieux les plus éloi-
gnez, s'il le faut.

ADIEU.

Nôtre Amant admira fa beauté du genie de fa Maîtreffe, & fut ravi d'avoir trouvé la clef d'un myftere qui luy étoit fi important : Il ne falloit point de retardement pour inftruire Lelie de ce qu'elle devoit faire. Pamphile n'avoit rien negligé pour venir à bout de fes pretentions, Lelie luy étoit promife, & trois jours de termes devoient le rendre heureux ; C'eft pourquoy Amador n'eut pas plutôt reçû le Billet, qu'il l'y fit réponfe, il l'adreffa à Victorie, parce qu'il ne pouvoit plus rien faire tenir à

fa Maîtreſſe avec feureté,
mais la Lettre étoit con-
çûë de telle maniere , qu'il
ne douta point qu'elle ne
fut lûë de l'une & de l'autre , elle étoit en ces termes.

AMADOR

A

VICTORIE.

JE me console facilement
de ma disgrace, la perte
de Lelie n'est pas fort con-
siderable si vous vous trouvez demain sans retarde-
ment en humeur de la ma-
rier, vous le pouvez ;
quand ce seroit aujourd'huy

à onze-heures du soir, du gros horloge. Elle ne rece-vra pas de moy ces sere-nades qui se donnoient proche la porte secrette du Jardin avec Marceline, qui aimoit tant l'air de la Chanson qui finit. L'unique remede à nos maux c'est l'enlerida, &c. jugez par là de mon chagrin, je par-le naïfvement , que cela vous suffise pour réponce ; & croyez que je ne perds rien en une inconstante.

ADIEU.

Victorie n'eut pas plu-
tôt fait la lecture de la
seconde ligne de ce Bil-
let qu'elle ne fit pas de
difficulté d'en communi-
quer le reste à sa Fille;
Lelie étoit dans la plus
grande impatience du
monde de voir le succez
de son artifice, elle étoit
entre la crainte & l'esperance, & les mal-heurs
qui avoient suivis la premiere de ses Lettres, luy
faisoient apprehender qu'il
n'arrivât quelque desor-
dre dans celle qui étoit
si obscure. Enfin elle se
vît bien - tôt hors de peine, & apperçût en lisant

le Billet, le deſſein de ſon
Amant. Elle le lût de cette maniere.

AMADOR

A

VICTORIE.

JE me console facilement
de ma disgrace si vous
vous trouvez demain sans
retardement à onze-heures
du soir du gros horloge.

proche la Porte secrette du
Jardin avec Marceline,
l'unique remede à nos
maux c'est l'enlevement,
que cela vous suffise pour
réponce.

ADIEU.

Jamais nouvelle ne cau-
sa plus de joye à une A-
mante. Lelie fut ravie de
voir comme malgré les
rigueurs de sa Mere, elle
avoit lieu d'esperer du
succez dans son amour,
le Laquais d'Amador s'en
alla & elle luy dit en par-
tant avec un air enjoüé,
& dégagé de toutes les
apparences de dissimula-
tion ; Vâ, dit à ton Maître
qu'on suivra ses Avis, &
ses Conseils avec exacti-
tude ; j'admire poursuivit-
elle, en parlant à sa Mere,
que cét Amant hâte luy
mesme mes nopces , &
qu'il vous conseille si in-

genûment de me marier
dés demain : Hé bien ma
Fille, luy repartit Victorie, apprenez par vostre
propre experience à estre
sage, vous ne Juriez que
par Amador, & vous
pouvez maintenant remar-
quer quels estoient les
sentiments de son Cœur,
Jugez de l'affection qu'il
vous portoit par le déplaisir qu'il témoigne de la
perte de la vostre. Il ne
faut pas prendre conti-
nua-t'elle, pour de l'or
tout ce qui Brille, ny
pour de diamant tout ce
qui à de l'éclat, mais je
suis au comble de ma joye,

de ce que vous estes en-
tierement defabufée, &
de ce que cet Amant, qui
vous avoit fafciné les fens,
vous declare luy-mefme
qu'il ne vous aime pas.
Il faut feulement penfer
au chofes neceffaires pour
vôtre Mariage, j'en ay fait
avertir Pamphile, & j'ay
commandé qu'on levat
les plus riches étoffes pour
faire vos Habits ; je vous
remets entre les mains la
difpofition de mes pierreries, & de mon Cabinet,
faites en forte que tout
paroiffe avec éclat, parce
que je veux que cette ce-
remonie furpaffe en richef-

ses & en magnificence toutes celles qui l'ont precedées. Lelie écoutât avec une attention merveilleuse tous les discours de sa Mere, elle la remercia fort affectueusement de ses bontez, & se retira seule dans sa chambre avec Marceline : Cette Fille de chambre n'étoit point instruite des grands desseins de sa Maîtresse, elle les apprit, & cette simpathie d'humeur, qui étoit entre elles, ne pût diviser leurs sentiments, elles approuverent toutes deux le conseil d'Amador, & Marceline promettant à Lelie

qu'elle ne l'abandonne-
roit jamais, elles se prepa-
rerent serieusement pour
cette execution.

Bien que nostre Aman-
te fût autant Amoureuse
qu'une fille le peut-étre,
son esprit neantmoins fut
bien troublé par la veüe
des malheurs qu'elle s'ex-
posoit, ce terme d'enle-
vement luy faisoit peine,
& la douleur qu'elle pre-
voyoit que sa Mere ressen-
tiroit par son éloignement,
ne luy donnoit pas peu
d'inquietude, elle fit con-
fidence de son chagrin à
sa chere Marcelice, Ah!
mon Enfant, luy dit-elle,

que mon Amour me re-
duit à une fâcheuse extremité, qu'il me cause d'embarras ? & que j'en appre-
hende les suites ? mais
quoy j'ayme Amador, &
plus que je ne te puis ex-
primer, & je voy bien
qu'il n'y a rien que je ne
fasse, pour ne le pas abandonner. Marceline asseu-
ra sa Maîtresse d'un bon
succez, elle la tira de toutes ses craintes, & luy fit
voir comme l'Amour n'a-
bandonnoit jamais des A-
mans aussi constans qu'ils
étoient l'un & l'autre.

Lelie fût ravie de ce
qu'on l'asseuroit ainsi d'un

bon succés, cela la confir-
ma dans sa resolution, &
elle attendit avec impa-
tience, le moment qui de-
voit mettre fin à ses mal-
heurs ; Elle passa la journée avec Victorie, & vît
encore Pamphile ce mê-
me jour, cét Amant qui
ne doutoit point de son
bonheur, étoit venu pas-
ser quelques heures avec
celle qu'il cherissoit si tendrement & dont il n'étoit
point aimé, il eut une longue conference avec elle,
& jamais fille n'a si bien
sçeu cacher les mouve-
mens de son cœur com-
me elle fit dans cet en-

tretien, à l'entendre il n'y avoit rien pour qui elle eût plus d'amitié que pour Pamphile, elle l'aimoit avec une tendreſſe extra-ordinaire & elle n'avoit plus que du mépris pour Amador.

N'eſt-t'il pas vray, luy diſoit ce pauvre Amant abuſé, que jamais vous n'avez eu une veritable inclination pour luy ? que les froideurs que vous m'avez témoignées quelques-fois, étoient feintes & étudiées ? & que le ſeul deſſein d'éprouver ma conſtance vous a fait faire toutes les démarches qui ſem-

bloient étre à mon défa-
vantage ? C'est à prefent
Madame , continuoit-il,
que je me fais un plaifir
de toutes ces peines , &
que j'admire que vous n'a-
yez ainfi voulu me tour-
menter , que pour me ren-
dre heureux , Ah : qu'on
reffent bien plus de joye
quand on arrive au port
aprés une tempête , que
lors qu'un calme nous y
a conduit fans peril , c'eft
là Madame mon fentiment
& la difficulté qu'il y a
d'obtenir quelque chofe
m'en rend la conquefte
plus douce & plus glo-
rieufe. Pamphile fe flattoit

ainſi d'un plaiſir qu'il n'é-
toit pas encore aſſeuré de
goûter, & la diſſimulation
de celle à qui il parloit luy
faiſoit croire que ſon merite avoit eu tant de pouvoir ſur ſon eſprit : En effet, un autre y auroit eſté
trompé comme luy, &
la copie des deux dernie-
res Lettres que Lelie &
Amador s'étoient écrites
luy ayant eſté communi-
quée par Victorie, il ne
douta plus d'une verité,
dont les apparences étoient
ſi trompeuſes, il voulut
meſme faire preſent à ſa
Maîtreſſe de deux dia-
mants d'un prix ineſtima-

ble , mais elle les refusa sans neantmoins le rebuter, non ? Monsieur , luy dit-elle , ces presents sont peu considerables , aprés celuy que vous m'avez fait de vostre cœur , excusez si je les meprise , puis qu'il n'y a rien que je prefere à un don si excellent. Je suis bien aise continua-t'elle , que vous n'ayez pas sujet de croire que l'or ny les richesses , ayent tiré de moy un consentement qui doit partir de nostre in-clination , & vous connoî-trez dans peu , que l'A-mour seul aura fait le lien qui m'attachera eternelle-

ment

ment à celuy que je che-
ris. La journée se passa de
la sorte, Victorie fut ravie de cette entreveuë,
elle en marqua sa joye à
Lelie, & ne l'entretint
toute la soirée que des
avantages de celuy qui luy
étoit promis ; Celle-cy luy
répondit toûjours dans des
termes qui ne donnoient
rien à connoître du secret
de son cœur, au contrai-
elle luy témoigna qu'elle
concevoit un plaisir extrê-
me de son engagement,
& luy parla toûjours avec
tant de naïveté que sa pauvre Mere y fut trompée,
& ne put rien préjuger

des desseins de sa fille. Elles
se retirerent sur les dix
heures du soir, & Lelie
entra dans son cabinet
pour y prendre toutes les
pierreries qui avoient esté
mises en sa disposition. L'e-
sprit de nôtre Heroïne n'é-
toit plus combattu, & la
force avoit succedé à la foiblesse de son sexe. Enfin ce
moment attendu avec tant
d'impatience arriva, onzes
heures sonnerent, & nôtre
Amante descendit prom-
ptément avec sa fidelle
Compagne, au lieu de
l'assignation. Amador avoit
trop d'intérêt à ce rendez-
vous, pour y manquer à

son heure, auſſi s'y trou-
va-t'il auſſi - toſt avec ſon
valet de chambre ; d'a-
bord que nos Amans ſe
virent, ils s'embraſſerent
avec une tendreſſe extra-
ordinaire, ils ne ſe firent
pas de grands diſcours,
ils étoient pour lors hors
de ſaiſon, mais ſortant à
petit bruit avec leur ſuitte
de la maiſon de Victorie,
ils allerent à pied juſques
au dehors de la ville. Amador avoit mis ordre à tout,
c'eſt pourquoy ils trouve-
rent quatres chevaux pre-
parez pour leur voyage ;
comme on avoit ſujet de
craindre quelque ſurpriſe,

Amador pour la prevenir
fit prendre à Lelie l'Habit
de son valet de chambre,
qui se revestit de celuy de
Marceline, laquelle se para
ensuitte des vêtemens de
sa Maîtresse ; ce deguise-
ment étoit fort prudent,
& ne pouvoit avoir que
des suites heureuses pour
nos voyageurs.

Cependant Lelie en qui
ce dessein n'avoit point
osté la pudeur obligea son
Amant de luy promettre
qu'il la regarderoit toû-
jours avec respet, & qu'il
n'exigeroit rien d'elle devant qu'ils fussent unis par
le Mariage, je ne sçay pas

si il luy tint sa parole sur,
cet Article, quoy qu'il en
soit, ils monterent à che-
val & prirent un chemin
qu'ils crûrent ne devoir
estre connu de personne,
par ce qu'il estoit sans ve-
stiges ; la delicatesse de
Lelie qui n'avoit pas coû-
tume d'aller ainsi à Che-
val ne leur permît pas de
beaucoup avancer , lais-
sons-les continuer leur voyage , & voyons ce qui se
passe dans la maison de
Victorie. Il estoit onzes
heures du matin lors que
Pamphile arriva au logis ,
il y venoit au lever de sa
Maîtresse pour apprendre,

d'elle quels étoient ses sentimens la veille de leur engagement. Mais helas! Ce pauvre Amant fut bien surpris, il trouva tous les domestiques allarmez, Victorie qui fondoit en pleurs, & toute la maison dans un desordre extraordinaire; il apprit de cette Mere affligée l'enlevement de sa Fille, la prise de ses pierreries avec d'autres indices en étoient une preuve convaincante; elle conjura cet Amant desesperé de l'assister dans ce malheur, & luy dit que s'il estoit assez heureux pour joindre ces fugitifs, qu'elle fe-

roit de sa Fille une puni-
tion si exemplaire, qu'elle
les vangeroit tous deux,
l'une de sa desobeissance,
& l'autre de son peu d'inclination. Ce pauvre ri-
val sortit en asseurant Victorie qu'elle apprendroit
bien-tôt des nouvelles des
ravisseurs de sa Fille ; Il
partit aussi-tôt avec sept
ou huit Cavaliers de ses
Amis , il fût assez heu-
reux pour prendre le che-
min qu'avoit tenu Ama-
dor , & fut instruit par des
Païsans , du passage de
deux Demoiselles avec
deux Gentils - hommes.
Estans tous encouragez

par cette nouvelle, ils
coururent pendant trois
heures la poste avec une
vitesse incroyable. La trou-
pe s'arrêta chez un Sei-
gneur des amis de Pam-
phile., on s'y rafraichit &
on changea de chevaux,
la vigueur avec laquelle
ils poufferent leurs nou-
velles montures leur fit
bien - toft découvrir ce
qu'ils cherchoient, cela ne
leur donna pas peu de joye,
leur grand nombre qui
fut apperçû de loin de
nos Voyageurs, leur fit
connoître que leur refi-
ftance feroit inutile, ils
remirent entre les mains

de l'Amour le luccez d'u-
ne li trifte Avanture, &
Amador ordonna un pro-
fond filence à toute la
compagnie, afin que leur
déguifement ne fût pas
découvert par leur paro-
le : Enfin ils furent bien-
tôt aux prifes , & Ama-
dor qui fe battoit en re-
traite avec fon Valet de
Chambre apparent , leur
laiffa prendre Marceline
dont ils fe faifirent, cro-
yant à fes habits & à fon
vifage que ce fut la veritable Lelie : Pamphile ne
pût tirer d'elle que des
pleurs & des foûpirs, &
cét Amant ayant appa-

ramment ce qu'il souhai-
toit, il negligea la pour-
fuite des autres, qui cou-
rant à brides abattuës fe
virent enfin) hors de danger par leur adreffe. Ils fe
retirerent dans un Châ-
teau qui appartenoit à un
Parent d'Amador, ils s'y
repoferent, & y demeu-
rerent, comme dans un
lieu de feureté : Cepen-
dant Pamphile fe fervant
de la clarté de la Lune ne
voulut faire aucun retar-
dement, il partit avec fa
fauffe Lelie, & arriva
avec ceux de fa compa-
gnie en peu de tems chez
le Seigneur où il avoient

changé de montures. Ils
reprirent leurs Chevaux,
& le silence & les pleurs
de Marceline empêche-
rent qu'on ne la recon-
nût. Ils partirent aussi-tôt,
& furent aux Portes de la
Ville, à trois heures du
Matin, elles furent ouver-
tes peu de tems apres,
& Pamphile ayant remer-
cié les Gentils - hommes
qui luy avoient servi d'es-
corte, conduisit sa Lelie
chez celle qu'il croyoit
être sa Mere : Mais helas !
ils reconnûrent bien - tôt
qu'ils étoient abusez : Ce
pauvre Gentil-homme fut
le sujet de la risée de tout

le Monde, & faisant ver-
tu de la necessité, il abandonna toutes ses preten-
sions à son Rival. Marce-
line fut tres-blâmée de sa
Maîtresse, mais le plaisir
qu'elle avoit reçû d'avoir
servi Lelie, luy fit bien-
tôt oublier tout son mau-
vais traitement : Cepen-
dant nos deux Amans
écrivirent à Victorie pour
rentrer dans ses bonnes
graces, tout le Monde se
joignit à leurs prieres, &
ils obtinrent enfin de cette Mere offensée le par-
don qu'ils desiroient : ils
arriverent en peu de tems
chez elle, où la ceremo-

nie de leur Mariage fut
faite avec toute la pom-
pe & la magnificence pof-
fible.

Voilà la fin des avan-
tures de ces heureux A-
mants qui fe recompen-
fent à prefent avec ufure
des travaux & des peines
qui fe font toûjours op-
posées à leurs recherches.
Si leur Amour a été com-
battu il eft maintenant
Couronné, & ces chaftes
voluptez qui ne font af-
faifonnées que du Ciel
ont fuccedez à leurs dé-
plaifirs, dans cette aimable focieté leur joye fe
double, & leur douleur

se partage, ils vivent encore en Amants, & les dégoûts qui suivent de si prés les plus purs contentemens n'ont pas osez troubler le bon-heur de leur Himenée. Pamphile de son côté a fait un choix digne de son merite ; ses Amis ont appaisé son ressentiment, il luy ont fait voir que de toutes choses il n'y avoit rien de plus libre que l'Amour, que Lelie même & son Rival avoient une estime particuliere pour luy ; ces sages conseils ont rompû le Cours à des accidents funestes, qui au-

roient sans doute suivis
l'engagement de nos deux
Amants.

F I N.